Cuarenta Lirios Para Ti

Cuarenta Lirios Para Ti

Fiordaliza Ventura

RESEARCH

Cuarenta Lirios Para Ti

Copyright © 2019 por Fiordaliza Ventura

Decidí mostrar mis lirios a la sociedad para obsequiárselos a mis girasoles. Sobrinos y sobrinas: este es mi legado para ustedes. Mi familia es mi motor y el reflejo de quien soy. Dos poemas, en particular, son para mis padres, por criarme y apoyarme en todo. Se lo dedico a mis hermanos, familiares y amigos. Para todas las personas, que les gusta la poesía, disfruten de la belleza de los lirios.

ÍNDICE

AGRADECIMIENTOS

La vida es un agradecer constante: a Dios, a la Virgen, a los ángeles, a los santos, a la naturaleza y a la humanidad. Dios: gracias por la inspiración.

Mami y papi: gracias por amarme sin condición. Hermanas y hermanos: les agradezco por ser mis cómplices en mis locuras. Sobrinas y sobrinos: muchas gracias por ser partícipes de mis vivencias. Quiero agradecer a mi editor, Raúl Ventura, por tus consejos filosóficos y poéticos. Y por estar siempre ahí para mí.

Mi absoluta gratitud a esas personas que cruzaron por mi entorno y dejaron sus huellas: abuelas, abuelos, tías, tíos, primas, primos, cuñadas, cuñados, amigas, amigos, colegas, supervisores, profesores y escritores.

Especialmente, agradezco a Gary Savit, por tu sabiduría y motivación. Gracias al poeta, Raymond Rodríguez, por tu confianza.

Incondicionalmente, muchas gracias a mis lectores. Mis lirios ahora son de ustedes.

No Hables

¡Silencio...!
¿Por qué quieres hablar?

El mundo no tiene por qué enterarse.
Tus opiniones no pueden divulgarse.

¡Aguántate...!
No es tiempo.

No digas nada.
No estás preparada.

¡Cállate...!
¿Qué vas a decir?

Nadie puede saber lo que piensas.
Tus secretos son solos tuyos.

¡Cuidado...!
No abras esa puerta.

No reveles lo que está oculto.
Serás la diosa al descubierto.

Es por tu bien.
¡No hables...!

Usando Una Máscara

¿Quién en la vida no ha usado una máscara?

Usamos una máscara:
Cuando lo que somos,
no es lo que queremos ser.
Nos comportamos de la manera que no somos.
Que es hipocresía.

Utilizamos un antifaz:
para nuestra conducta laboral.
Por eso, negociamos con imbéciles
con actitud de intelectuales.

Nos vestimos de camuflaje
para que los vecinos no noten
nuestra desfachatez.
Que es una vergüenza.

Nos pintamos con maquillaje
para disimular las impurezas.
Para las arrugas,
Bisturí.

Nos tapamos con un velo
para guardar las apariencias;
para evitar las habladurías
en las reuniones eclesiales.

Que tal, la máscara de las redes sociales:
Fotos con filtros.
Hogares perfectos.

Que tal, la máscara para las relaciones íntimas:
Euforia en la cama
aunque sea actuada.

Simulación en Las Vegas.
Engaños en las novelas.
Doble cara dondequiera.

Gocemos lo vivido.

Máscara
Máscara
Pura Máscara

¿Quién en la vida no ha usado una máscara?

Recuerdos

Añoro, dormir en tu regazo.
Acostada, cubierta con sábanas blancas.
Flores decorando nuestro lecho.
Mi cabello diseñando un mapa en tu pecho.

Fin de semana, lujuria en la casa.
Afuera, el canto de las palomas mensajeras.
Te figuro, susurrándome en la oreja:
—piropos de parejas—.

Busco en el álbum, el retrato
donde estamos abrazados.
Percibo, nuestros cuerpos entrelazados
como dos enamorados.

Volteo, un almanaque situado en la pared.
Sorprendida de la fecha que es.

Decido y marco a tu número de teléfono.

Uno
Dos
Tres

"hola"
Contesta una voz que no es la tuya.

Desconcertada.
Cierro rápidamente el teléfono.

Por si acaso, confirmo que he llamado
al número correcto.

Insisto de nuevo.

Uno
Dos
Tres

«HOLA».
Ahora, tú respondes.

Definitivamente, todo es cierto.
Y el resto, son recuerdos.

Hoy Escribo

Hoy escribo.
Porque encontré la carta.

¿Qué enviaste tú?
O
¿Envié yo?

Yo —que anuncio los anhelos—.
Tú, que escondes los deseos.

Hoy leí esa carta.
Pero está transcrita a máquina.
Sin remitente o destinatario.

Hoy escribo.
Porque encontré los poemas.

¿Qué te inspiré yo?
O
¿Me inspiraste tú?

Tú, que dibujas primaveras.
Yo —que deshojo azucenas—.

Hoy leí esos poemas.
Se parecen a mis prosas.
Sin embargo, me ligan con tus versos.

¿Quién es el autor de la carta?
¿Quién es el poeta de los poemas?

¿Tú?
O
¿Yo?

Volarás…. Muy Lejos….

Volarás…. Muy Lejos
Experimentarás…
Con las notas musicales…
que los virtuosos entonarán…

Volarás…. Muy Lejos
Meterás…
En el piélago ese yugo…
que no soportas cargar…

Volarás…. Muy Lejos
Exhalarás…
El dióxido de carbono…
que los pulmones expulsarán…

Volarás.... Muy Lejos
Anotarás...
Las aventuras...
que publicarás...

Volarás.... Muy Lejos
Oirás...
En el vendaval esa frase...
que decidiste no escuchar...

Volarás.... Muy Lejos
Roerás...
Esa fruta...
que no debiste masticar...

Volarás.... Muy Lejos
Asimilarás...
Que el abismo...
penetrarás...

Volarás.... Muy Lejos
Olerás...
A las rosas...
que no quisiste obsequiar...

Volarás.... Muy Lejos
Revivirás...
Las caricias de ese aniversario...
que no pudiste apreciar...

Conciencia Mía

¿Cómo estás?
Conciencia mía.

¿Por qué no me procuras como aquel día?

Cumpliré esa promesa
que nos hicimos en la playa.

¿A dónde estás?
Conciencia mía.

¿Por qué no me consientes como aquel día?

Respetaré ese juramento
que nos hicimos en el templo.

¿Con quién estás?
Conciencia mía.

¿Por qué no me excitas como aquel día?

Oraré por ti
hasta que regreses a mí.

Pero Llegaste Tú

Apareciste
Aunque no te esperaba.

Esperaba a un ángel, pero llegaste tú:
un mortal como yo.

Yo —la provocadora del diluvio—.
Yo —la seductora de la alianza—.

Apareciste
Para ofrecerme tu arca.

Viniste
Aunque no te esperaba.

Esperaba a un príncipe, pero llegaste tú:
un plebeyo como yo.

Yo —sin lujos ni riquezas—.
Yo —con defectos y virtudes—.

Viniste
Para manifestarme tu nobleza.

Apareciste
Aunque no te esperaba.

Esperaba a un famoso, pero llegaste tú:
un incógnito como yo.

Yo —la tímida de la escuela—.
Yo —la muchacha de la greña—.

Apareciste
Para entregarme tu contraseña.

Viniste
Aunque no te esperaba.

Esperaba a un imposible, pero llegaste tú:
para hacer todo posible.

Yo —la del escudo para no sufrir—.
Yo —la atrapada en el caparazón—.

Viniste
Para regalarme tu corazón.

Amanecer

Despertar:
Con el amante apasionado.
Compartiendo momentos.
Iniciando proyectos.
Celebrando éxitos.

Disfrutar:
El rocío en la alborada.
La melodía del ruiseñor en la arbolada.

Aportar:
Al crecimiento de las ciencias.
Al conocimiento de las creencias.

Adorar:
Al todopoderoso,
con himnos,
alabanzas,
por cada amanecer.

Solo Un Alma Para Otra Alma

Contémplame.
Grábate mi esencia.
Estaré en tu mente
como un tatuaje permanente.

Toca mi piel.
Sécame el sudor.
Perfuma mis poros
con tu olor.

Abrázame.
Imagínate que somos dos
unidos en uno
por la eternidad.

Besa mis labios.
Déjate llevar por ellos
hasta el infinito.
«Solo hay un alma para otra alma»
en el paraíso.

Sonrisas Y Miradas

Me miraste.
Te miré.
Me sonreíste.
Te sonreí.

Te miré.
Me miraste.
Te dije: *«El amor no existe».*
Me cuestionaste: *«¿Por qué lo dices?».*

Te porfié: *«Porque no existe».*
Me argumentaste: *«Porque no me conocías».*
Te gruñí: *«Que tontería».*
Me reí.

Te reíste.
Te pregunté: *«¿Por qué ríes?»*.
Me dijiste: *«Obvio»*.
Te contradije: *«Ni tanto»*.

Me reafirmaste: *«Sí, existe»*.
Te repliqué: *«Quizás»*.
Me replicaste: *«Complicada»*.
Me sonreí.

Me miraste.
Te miré.
Nos reímos.
«Ja, Ja, Ja».

Y No Volverá

Se acabó mi alegría.
Se apagó mi gran luz.

Él
Que me interpretaba mis canciones favoritas.

Él
Que me narraba fábulas bonitas.

Se ha ido.

Se esfumaron las ilusiones.
Se oscurecieron las emociones.

Él
Bondadoso y creativo.

Él
Determinado y comprensivo.

Ha desaparecido.

Concluyeron las poesías.
Finalizaron las fantasías.

Él
Que me daba toda su atención.

Él
Que me aceptaba como soy.

No está conmigo.

Sin él, no sé qué hacer.
Sin él, no tengo ser.

Él
Mi mejor amigo.

Él
Se ha ido.

Y no volverá.

Ríos De Sangre

Voy
Transportando por el siglo.

Veo
Películas de suspenso.

Voy
Transitando por la época.

Veo
Historietas de fantasmas.

Voy
Manejando por la década.

Veo
Leyendas de la infancia.

Voy
Nadando por el año.

Veo
Los ríos de sangre.

Suplicio

No sé
¿Por qué es tan difícil?

Nostalgia
Es lo que tengo.

Dolor
De un sentimiento.

Angustia
Es lo que siento.

Llorar
De puro miedo.

No sé
¿Por qué es tan difícil?

Mo

Grito como loca en el capitalismo.
¡Desigualdad Social!

No entiendo el terrorismo.
Llantos de los inocentes por un idealismo.

Me aflijo en el comunismo.
Gime el pueblo por el despotismo.

No entiendo el periodismo.
Noticias saturadas de amarillismo.

Me aflijo en el consumismo.
¡Calentamiento Global!
Producto de nuestro egoísmo.

Grito como loca en el sexismo.
¡Explotación Sexual!

Desilusión

¿Qué sucederá?
Cuando la necesidad... es alarmante.

¿Quién vacacionará?
Cuando la realidad... es repugnante.

¿Qué se conservará?
Cuando la integridad... es disonante.

¿Quién soñará?
Cuando se va el día y la noche es tormentosa.

¿Quién se vengará?
Cuando se es abusado y despreciado.

¿Quién vencerá?
Cuando se está asustado y desesperado.

¿Qué se comerá?
Cuando uno ejercita y no adelgaza.

¿Qué continuará?
Cuando uno trata y fracasa.

¿Quién superará?
La prueba.

¿Será Ya Tarde?

Puesto, que el ciclo pasa y deja su rastro.
¿Se recuperará un torso maltratado?
¿Se reparará un riñón trapazado?

¿Podrán las heridas desvanecerse?
¿Se borrarán las cicatrices engendradas?

¿Se ignorarán las ofensas?
¿Podrán las víctimas olvidar?
¿Se podrá levantar exento de pánico?

¿Cuándo quedan las huellas en el rostro?

De ninguna manera, las semillas
no germinan cuando son pisoteadas.

Puesto, que la desgracia agota la esperanza.
¿Será ya tarde para comenzar?

Descubrimiento

Conquistaron.
Asesinaron indígenas.
Contagiaron enfermedades.
Desterraron tribus.
Todo por el grandioso imperio.

Colonizaron.
Arruinaron civilizaciones.
Mezclaron poblaciones.
Inventaron cuentos.
Tomaron el oro.

Conquistaron.
Adquirieron haciendas.
Inculcaron doctrinas.
Impusieron impuestos.
Todo por mantener al imperio.

Colonizaron.
Administraron plantaciones.
Trajeron esclavos.
¿Descubrimiento o sufrimiento?
Depende de quien describe la historia.

Tristeza

La perversión
de una sociedad en decadencia.

AVARICIA
Secuestros por una manada
de salvajes sin límites.

Percatarse que domina la impunidad.
La traición de una justicia ciega.
Lobos disfrazados de ovejas.

La consecuencia
de una democracia en carencia.

SOBERBIA

Payasos jugando a ser líderes.

Corromperse con el deseo de la carne.
La pelea del bien contra el mal.
Rezar por la santidad.

Deber

El poder da deber.
La patria defender.

La fuerza no está en las armas,
sino en el voto popular.

La prensa no es el enemigo,
sino el aliado.

La autoridad ejerce con honor
y no con horror.

Las leyes justas que protegen la libertad.
Los recursos distribuidos en uniformidad.

Los ciudadanos colaboran en comunidad.
Cada individuo aprende de la diversidad.

El mando es para servir;
no para imponer o para someter.

Es preciso aludir,
cualquier tipo de abuso,
marchita la salud mental.
Cobertura médica universal.

Parar
las guerras inútiles y de odio.

Desarrollar
sistemas sociopolíticos para progresar.

Gobernar
para la gente y no para el ego.

Igualdad

Humanidad más Humana
Abolición de las fronteras entre países.
Emigración de las diferentes raíces.

Atender
al medio ambiente con buenas acciones.

Elogiar
a los políticos libres de corrupciones.

Alimentación para los habitantes.
Educación gratis para los estudiantes.

Aceptar a los demás sin discriminaciones.
Elegir a la vida sin excepciones.
Humanidad más Humana

La Niña Radiante

La niña radiante:
a la Tierra bajó.

Su energía brotó.
El cáncer quitó.
La adicción curó.

Su carácter triunfó.
La inmundicia limpió.
El maleficio culminó.

Su solidaridad estrelló.
La codicia eliminó.
La tranquilidad instituyó.

Su arcoíris formó.
El grupo cantó.
El público bailó.

La niña radiante:
a sus alcores marchó.

Simplemente Feliz

Sencillamente Afortunada
Nací desnuda.
Ahora estoy vestida.

Simplemente Dichosa
Crecí con belleza
en un lugar de pobreza.

Simplemente Elocuente
Envejecí con la inteligencia
de una persona pensante.

Sencillamente Afortunada
Vivo
simplemente feliz.

Mis Ojos

Son partes de mi cuerpo
como la boca con que exclamo
o la nariz con que inhalo

Me inquieta verlos así
Desvalidos
Incomodos
Resecados

¿Por qué les pasó eso?

¿Cuándo retomarán
ese esplendor que los define?

Son bastante importantes
como mis piernas de bailarina
o mis caderas merengueras

Me gustaría que fueran igual que antes
Atrayentes
Hipnotizantes
Impresionantes

Me molesta cubrirlos

No me agrada ese aspecto sombrío
¿Qué solución buscaré?

Son esenciales
como la sangre que circula por mis venas
o el arroyo que corre por los bosques

No puedo perderlos

Quise auxiliarlos
Pero fue un fiasco

Son trascendentales
como los héroes nacionales
o los valores morales

Padezco por ustedes

Los echo de menos
como a mi juventud

Mi carta de presentación
Mis luceros

Los admiro porque son
Lindos
Intensos
Profundos

Espectaculares como mi cerebro
Pues, son mis ojos

Caminando Hacia El Sol

Viajando hacia el sol.
La planificación es mi maleta.
Que empaca mi pasión.

Piloteando hacia el sol.
La prudencia es mi avión.
Que vuela a mi destino.

Navegando hacia el sol.
La palabra es mi barco.
Que ancla mi objetivo.

Rumbo hacia el sol.
La paciencia es mi fundador.
Que traza mi armonía interior.

Cabalgando hacia el sol.
La personalidad es mi caballo.
Que galopea mi acción.

Caminando hacia el sol.
La perseverancia es mi ruta.
Que me dirige a mi meta.

Bella Es La Naturaleza

Exactamente hermosa.
Así es la naturaleza.

Venus realza a la luna.
Creatura reposa en la cuna.

Edén es musa de composiciones.
Lucifer es fuente de maldiciones.

Astro avisa novedad.
Terremoto sacude antigüedad.

Montañas suben al cielo.
Nubes descienden al suelo.

Agua moja inclinaciones.
Fuego enciende frustraciones.

Céfiro refresca el atardecer.
Galaxia irradia el anochecer.

Exactamente hermosa.
Así es la naturaleza.

Mar

Refugio de tesoros escondidos
Universo de seres desconocidos

Océanos conectan continentes
Atlántico
Pacífico
Antártico
Índico
Ártico

Caracoles con perlas
Peces de colores

Emblemático
Deslumbrante
Impactante
Maravilloso
Sinfín
Mar

Solo La Noche

Es de noche.
Está opaco.

Las linternas
Cocuyos
Relámpagos

El zumbido emite
Truenos

La trayectoria
Insegura
Laberinto

Es harta noche.
Acontece eclipse completo.

El Planeta pronuncia
Sombras
Tinieblas

Ni una estrella
Fugaz
Solo la noche

Un Niño Duerme

Un niño duerme.
Se engurruña.
Sus puñitos en sus mejillas.

Celestial
El Serafín

Mueve sus pies.
Su mamá le da un beso.
Se despierta.

Garbo
El Querubín

Acerca su pulgar a su carita.
Se chupa su dedito.
Un niño duerme.

Prototipo De Mujer

Dama de la delicadeza
Ternura que produce dulzura.
Temple que genera firmeza.

Encanto de dama
Ojos melancólicos que cambian de color.
Cocina con el arte del sabor.

¡Prototipo de mujer!
Se regocija ayudando a los demás.
Su don es la generosidad.

Dama de la delicadeza
Junta a su esposo inmigró a otra nación.
Para que sus descendientes
tuvieran un porvenir superior.

Dama del esmero
Trabajó con empeño
para que sus hijos
estudiaran en la universidad.
Y se graduaran de una profesión.

¡Prototipo de mujer!
Es usted:
Mami
El más bello de mis lirios.

Hombre Fascinante

¡Hombre Fascinante!
Es galán.
Cautivador.

Es halagador.
Relata una anécdota para cada ocasión.

Es agricultor.
Cosecha los frutos con dedicación.

Es protector.
Cuida a sus nietos con devoción.

Excelente en matemáticas.
Números exactos en su procreación.

¡Hombre Fascinante!
Mi progenitor.
Este lirio es para usted.

Familia

Grande o chica.
Funcional o no.
Es la familia.

Acá o allá.
Genial o no.
Es el vínculo.

Tradicional o liberal.
Matrimonio o no.
Es la familia.

Atados o separados.
Biológico o no.
Es el vínculo.

Religiosos o ateos.
Recemos o no.
Dios es primero.

Opulencia o penuria.
Queramos o no.
La familia es primero.

Trinidad

Dios, Padre:
*«danos paz para este cosmos,
que tú creaste con tus manos».*

Espíritu Santo:
*«danos entendimiento,
para combatir lo malo con lo bueno».*

Jesús:
*«danos de nuevo la enseñanza del amor,
para amarnos, los unos a los otros,
como tú nos amas».*

Jesús

Solamente tú:
Te hiciste pobre siendo rico.
Te sacrificaste por los pecadores.
Venciste a la muerte.

Tú significas:
Conversión
Crucifixión
Salvación

Tú eres:
Camino
Verdad
Vida

Únicamente tú,
me muestras de qué modo obrar;
sin juzgar,
sin herir.

Tú aconsejas,
corriges,
perdonas,
sin dudar.

Tú eres:
Fe
Caridad
Esperanza

Solamente tú:
me toleras como la Eva que soy;
imperfecta,
que peca y se confiesa.

Tú emanas:
Sabiduría
Misericordia
Infinita

Únicamente tú,
Nutres con tu Eucaristía.
Pan y Vino/Cuerpo y Sangre.
Misterio de tu Gloria.

Tú eres:
Emmanuel
Dios con nosotros
EL Mesías

María

María es Madre.
Madre del Verbo Encarnado.
Y de todos los humanos.

María es Virgen.
La llena de Gracia.
La Inmaculada Concepción.

Majestad de la Creación.
La Señora del Rosario.
Ejemplo de Oración.

María es Fiel.
Humilde
Piadosa

Madre de la Iglesia.
Venerada
Intercesora

Modelo de la Perfección.
La Magnífica.
Protectora

Madre del Creador.
Bendita entre las mujeres.
María

La Leona: Reina De La Selva

La leona:
Reina de la selva.

Continuamente,
demuestra su control.
No hay animal como ella.

Es devoradora.
Agarra a su presa con brío y coraje.
Mata sin clemencia.

Es incomparable,
astuta y valiente.
Protege a los suyos con garras y dientes.

Incluso,
el rey león
se arrodilla delante de ella.

La leona:
Reina de la selva.

El Rey León

Ruge
«Yo, el rey león».

Brama
Es atacado.
Se dispone a atacar.

Se encara.
Mas no es capaz de luchar.
No posee ímpetu.

Brama

No es como el de ayer.
No está apto para degollar.
No obstante, se derrumba.

Se enfurece.
Huye.
En el sosiego.
Aislado.

Ruge

«Yo, el rey león».

Confusión

Credo
Absurdo con acierto.
Vosotros en el huerto.

Responsabilidad
Soltar al preso.
Cancelar el texto.

Milagro
Alborotar al sigilo.
Bucear en lo seco.

Privacidad
Mentira común.
Internet

Inasequible
Fingir por estupidez.
Eutanasia con martirio.

Desorden
Ordenar para desarreglar.
Construir para destruir.

Sobrevivir sin beber.
Morir sin nacer.
Confusión

La Lluvia Y El Desierto

La rabia me envenena.
(Me hallo extraviada).
Travesía en el desierto.

El brujo que me tumba.
(Me embruja la serpiente).
Lamento el desacierto.

El volcán me quema.
(Me hechiza el caliente).
Tortura en el infierno.

La lluvia que no cae.
(Me asfixio escaso aliento).
Transcurriendo atrás del viento.

La calma me encadena.
(Me agoniza el encierro).
Odisea en el destierro.

El huracán me arrastra.
(Me captura la corriente).
Furia en el descontento.

El letargo me falta.
(Me irrita el insomnio).
Pendejada del demonio.

Las fichas están echadas.
Pierda o gane.
¡Me alejo del desierto!

¿Por Qué Te Fuiste?

Ya
Volví.

Vine
Por ti.

No
Te encuentro.

Investigo.

No
Hay respuesta.

No
Comprendo.

Nadie
Me explica.

No
Hay razón.

¿Por qué te fuiste?

Aquí Terminas

Empiezo a cansarme.
Descarto extrañarte.
Destrozo a la araña.
No más patrañas.

Cobarde.
No estás a mí nivel.
Eres como hiel.
Indeseable.

Estuviste humillante.
Fuiste arrogante.
Fuera de mi vista.
Insolente.

No vales la pena.
Adiós para siempre.
Insecto.
Aquí terminas.

Acerca De La Poetisa

Fiordaliza Ventura es la combinación de poesía y ciencia. Con el mismo lápiz, con que compone versos románticos, elabora ideas científicas para investigación social. Sí, ella es de esos autores que apuntan inicialmente sus pensamientos en un cuaderno y después los transfiere a la computadora.

La poesía fue y sigue siendo su escape y desahogo. Plasmar en un papel sus reflexiones existenciales fue su incógnita y jubilo de adolescente. Por eso, pocas personas han leído sus poemas; porque ser poetisa era su enigma.

¿Por qué ahora decidió publicar este libro? Porque todo tiene su tiempo y espacio. Fiordaliza, como científica es precisa; como poetisa es pasional. Y el resultado es:

«Cuarenta Lirios Para Ti».